Ijoddagi Izlarim

Fayzulloyev Abramat

© Fayzulloyev Abramat
Ijoddagi Izlarim
by: Fayzulloyev Abramat
Edition: April '2025
Publisher:
Taemeer Publications LLC (Michigan, USA / Hyderabad, India)

ISBN 978-93-6908-663-4

© **Fayzulloyev Abramat**

Book	:	**Ijoddagi Izlarim**
Author	:	Fayzulloyev Abramat
Publisher	:	Taemeer Publications
Year	:	'2025
Pages	:	76
Title Design	:	*Taemeer Web Design*

KIRISH

Har bir insonning hayotida iz qoldirish istagi bor. Kimdir san'at bilan, kimdir ilm bilan, yana kimdir so'z va qalam bilan o'z nomini tarix sahifalariga muhrlashni orzu qiladi. Ushbu antologiya – ijodkor qalbining nidosi, fikrlarining bir manzili, hayot yo'lining ifodasi.

"Ijoddagi izlarim" to'plami turli soha vakillarining ijodiy ishlari, ularning intilishlari va izlanishlari natijasi sifatida shakllandi. Bu yerda siz she'riyat, hikoya, esse va maqolalardan tortib, hayotiy tajribalar va ilhom manbalarini o'z ichiga olgan turli janrdagi asarlar bilan tanishasiz. Har bir satr ortida ijodkorning yuragi, qalbi va hissiyotlari yotadi.

Ushbu to'plam nafaqat mualliflarning ijodiy yo'lining boshlanishi, balki ularning kelajak sari tashlangan mustahkam qadamlarining aksidir. Har bir so'z, har bir asar – bir umrlik iz, qoldirilgan meros.

Umid qilamizki, "Ijoddagi izlarim" antologiyasi o'z o'quvchisini topadi, ijodkorlarga yangi ilhom bag'ishlaydi va kelajak avlodlar uchun mustahkam poydevor bo'lib xizmat qiladi.

Fayzulloyev Abramat 2003-yil 1-iyun Qashqadaryo viloyati Dehqonobod tumanida tug'ilgan.Hozirda Iqtisodiyot va Pedagogika Unverisititeti Boshlang'ich ta'lim yo'nalishi 3-kurs talabasi. O'zbekistan yoshlar ittifoqi, Respublika oltin qanot va EVH-Kelajak volontiyorlar harakati - a'zosi. Xalqaro barqarorlik va tinchlik elchisi.hindistinning "All India council for technical skill Development"xalqaro tashkiloti a'zosi.Qozog'iston Respublikasi "Qo'sh qanot"ijod jamg'armasining "Xalqaro xizmatlari" shuningdek, Qirg'iziston Respublikasi "Turon birligi",O'zbekiston Respublikasi "Abdulhamid Cho'lpon", va Rivojlanish va tadqiqotlar akademiayasi"Tarqqiyotga qo'shgan hissasi uchun" esdalik nishonlari sohibi.Dehqonobod tumani 10-sonli maktabda tahsil olib a'lo baholar bilan 2021- yil ushbu maktabni tugatgan.

Maktab davrida o'zining tashabbuskorligi va intiluvchanligim bilan tengdoshlaridan ajralib turganligim uchun Kamala va Kamolot YOIH maktab sardori bo'lib faoliyat yuritgan. Maktab davrida tarix faniga qiziqganim uchun tuman bosqichdan faxrli 1-o'rinni olib viloyatga chiqqan. 2022- yil Iqtisodiyot va Pedagogika Unverisititeti Boshlang'ich ta'lim yo'nalishida shartnoma asosida sirtqi ta'lim shaklida o'qishga qabul qilingan.Respublika miqyosida bir nechta formlar va konferensiyalar ishtirokchisi.Ilm olishdan to'xtamaslikni o'ziga oliy maqsad qilib olgan.

Hozirda Moldova,Turkiya,Amerika,Hindiston nashriyotlarida 1 ta mualliflik qo'llanmasi va 20 ta mualliflik antalogiya va almanaxlari 26 tadan orttiq davlatga sotuvga chiqqan.Xalqaro darajada tanlovlar g'olibi va diplomlar sohibi.Italiya,Albaniya,Hindiston,Germaniya,Birl ashgan Arab Amirligi xalqaro saytlarida va Kenya,Qozog'iston,Argentina va respublikamizning "Ezgulik"elektron gazetasiga ijodiy ishlari muntazam yoritib boriladi.Qashqadaryo teleradiokanali "Fayzli kun" va "Oltin voha" dasturi mehmoni bo'lgan.16-yanvar "Xalqaro adabiyoti,sana't,madaniyat va ijtimoiy fanlar"Akademiyasiga a'zolikga qabul qilindi.

Bir bayroq ostida

Hurlikni ulug'lab mag'rur hilpirar,

O'zbek iftixori vatan bayrog'i.

Yashaydi millatlar do'st,ahil-inoq,

Sajdagoh makondir oltin tuprog'i.

Karvonni boshlaydi dovyurak sarbon,

Murodu-manzilga boshlar xalqini.

Ko'rsam der yurttini jannatmakon,

Bag'ishlar eliga umriyu qalbin.

Vatanim tinch,yurttim doimo obod,

Temuru,Boburlar,oldi dunyoni.

Bir bayroq ostida birlashti el-yurt,
Bir bayroq ostida yashnadi zamon.

Fayzulloev Abramat Iqtisodiyot va pedagogika univerisiteti 3-bosqich talabasi

Abduqahhorova Sevinch 2007-yil 2-aprelda Surxondaryo viloyati Termiz shahrida tuĝilgan. 2023-yil 9-sinfni a'lo darajali shaxodatnoma bilan tugatgan. 2023-yil 22-iyulda birinchi kitobi "Gõzal fasl yoshligim " nomli she'riy kitobi chop etilgan. 2024-yilning yanvar oyida "Vatan tayanchi" kõkrak nishoni bilan taqdirlangan. 2024-yilning iyunda ikkinchi kitobi "Gõzal gulzorim vatan " nomli she'riy kitobi chop etilgan. 2024-yilning dekabrda "Taraqqiyot yetakchi" kõkrak nishoni bilan taqdirlangan. 2023-yilda "Ayol va Zamon" gazetasida bir necha she'rlari chop etildi. 2025-yil 16-yanvarda Amerikaning

Lulu nashriyoti Respublika yosh islohatchilar kengashi hamkorligida tashkil etilgan "Ilmdagi izlarim"Almanax tõplamida she'rlari chop etilgan va birinchi õrinni qõlga kiritgan.

2025-yilda "Uchinchi Renessans Ijodkorlari "Xalqaro Antalogiyasida faol ishtiroki uchun sertifikat bilan taqdirlangan bir necha she'rlari chop etilgan va birinchi õrinni qõlga kiritgan. Hozirgi kunda Abduqahhorova Sevinch Farhodovna Surxondaryo viloyati Termiz shahar 20-sonli ayrim fanlarga chuqur õqitiladigan sinflari mavjud umumiy õrta ta'lim maktabining 11-sinf õquvchisi.

Mening Gõzal Vatanim

Husnda tengsiz diyor,

Har yoni boĝ-chamanzor.

Toĝlari ham purviqor,

Mening gõzal Vatanim.

Tõrt fasl ham yashnaydi,
Jannatlarga õxshaydi.
Xalqim baxtli yashaydi,
Mening gõzal Vatanim.

Musaffodir osmoni,
Mustahkamdir qõrĝoni.
Qõriqlar alp õĝloni,
Mening gõzal Vatanim.

Mustaqil, erkin, ozod,
Elim mamnun, men ham shod.
Kundan-kun bõlar obod,
Mening gõzal Vatanim.

Muallifi:Abduqahhorova Sevinch

Surxondaryo viloyati Termiz shahar 20-maktab 11-sinf õquvchisi.

Kutubxona-Nurxona

Ma'rifatga boy maskan,

Joy beradi bağridan.

Hamma bahramand undan,

Kutubxona-nurxona.

Bağrida ming-ming kitob,

Õziga chorlar shu tob.

Õrgatar ilmu odob,

Kutubxona-nurxona.

Qanday soz kitob õqish,

Mutolaa-ezgu ish.

Kerakdir dildan sevish,

Kutubxona-nurxona.

Biz bolalar, barchamiz

Doimo kitob õqiymiz.

Bu ikkinchi uyimiz,

Kutubxona-nurxona.

Muallifi:Abduqahhorova Sevinch

Surxondaryo viloyati Termiz shahar 20-maktab 11-sinf õquvchisi.

Bahor

Sochlarimni silar shabboda,
Nelarnidir shivirlar asta.
Menchi darrov quloq tutaman,
Xasta dilga bõlib payvasta.

Chor atrofga nazar solaman,
Boshlanadi ajib õzgarish.
Oppoq qorlar bağrini yorib
Maysalar ham urib chiqar nish.

Daraxtlar ham kurtak ochadi,
Qaldirğochlar qanot yozadi.
Bulbullarning gõzal xonishi,
Kõngillarga biram yoqadi.

Janubdachi gullaydi bodom,

Kõzlarimni quvnatar bahor.

Yurtda bu kun sepini yoygan,

Gõzal, nafis, betakror bahor.

Muallifi:Abduqahhorova Sevinch

Surxondaryo viloyati Termiz shahar 20-maktab 11-sinf õquvchisi.

Shahlo Akromova Jizzax Davlat Pedagogika Universiteti Fizika va texnologik ta'lim fakulteti Tasviriy san'at va muhandislik grafikasi yo'nalishi 431-24-guruh 1-kurs talabasi.

Alfraganus Universiteti

Tibbiyot fakulteti "Farmatsiya " yo'nalishi

2-bosqich talabasi Kocherova Umida

Vaqt qadri…..ilmda!

Zamonimiz shiddat bilan rivojlanib borar ekan har qanday sohada o'zgarishlar kundan kunga ortib bormoqda. Bu esa o'z navbatida bilim saviyamiz zamon bilan hamnafas bo'lishini talab qilmoqda. So'z o'rnida aytsam masalan ekologiyamizda kundan-kunga o'zgarishlar, yangi turdagi kasalliklarni kelib chiqishi, yangi zamon yangi texnologiyalarni talab qilishi bizdan yangi bilim tafakkurni talab qilmoqda.

Prezidentimiz Sh. Mirziyoyev rahbarimiz bu borada ta'limga juda ham qattiq e'tibor qaratib xalqimizni oliy saviyali qilib, har sohada ilg'or bo'lishimizni maqsad deb bilganlar. Bunga misol qilib 11 yillik ta'lim tizimimizni joriy etilishi, kasb-hunar egallashga imkoniyatlarni cheksizligi, xususiy OTM larni ko'payib ish faoliyatiga ruhsat berilishi, talabalarga grandlarni ajratilishi yorqin namunalardandir.

Xozirda xususiy universitetlar, institutlar ochilib bilim olaman degan yoshlarga keng yo'llar ochildi. Ortga nazar tashlasak hozirda OTM larga qabul bo'lish yengillashdi. Xo'sh biz yoshlar shunday imkoniyatlardan oqilona foydalana olepmizmi?.........

Xususiy oliy ta'lim dargohlari ochilib, o'qishga kirish yengil bo'lib qolganligi ba'zi yoshlarda o'qib, bilim olishga yengil qarash bo'lib qolmayotganmikan?! Xech qanday mashaqatlarsiz, Oliy ta'limga kontrakt summasini to'lab talabalik baxtiga erishib, lekin o'qishga kelib bilim, ilm olishga nisbatan yengil qarashni talabalarda paydo bo'layotgani ayni xaqiqat va ko'ngilni xira qiladi. Texnika zamonida juda ko'plab yoshlarni uyali aloqaga ro'jo qo'yganligi, ko'p vaqtini kompyuter o'yingohlarida o'tayotganligi, o'g'il-qiz yoshlar o'rtasida har xil tuyg'ular bilan vaqtini sarflashligi bunga ochiq oydin dalilidir.

Imkoniyatlarni biz yoshlarga keng berilayotgani bu-vaqtimizni zoye ketqazish emas... Aksincha oqilona foydalanish. "Yoshlikda olingan bilim-toshga o'yilgan naqsh kabidir", haqiqatan ham yoshlikda egallangan bilim butun umrga tatigulik ilm hisoblanadi. Har narsa o'z vaqtida go'zaldir. Bolalik, o'qishlik, oila, qarilik . Har bir davrni o'z davridan to'g'ri foydalanishlik insonni komillik sari yetaklaydi. O'qishlik, bilim olishlik davri kelganda bor e'tiborni ilm olishga qaratib, bor shijoatini ishga solib, o'z sohasi bo'yicha yetarli ko'nikmalarni egallash esa kelajakda yetuk mutaxasis bo'lib, o'z davlatiga va xalqiga samarali, unumli xissa qo'shadigan shaxs bo'lib yetishib chiqadi. Vaqtni hech qachon ortga qaytara olmaganimiz esa vaqt oliy hakam bo'lishiga va umrimiz o'tib ketganligini ko'rsatadi. Oliy ta'limda oq'ib bilim olishlik davri nasib bo'ldimi, o'qib bilim olishda aslo to'xtamaylik. Bor kuch g'ayratimizni bilim olishga qarataylik. Axir bu davr bu bizga ajratilgan vaqt qayta berilmaydi. Yillar o'tib esa hayotimizni eng muhim davri "Vaqt qadri-ilmda" ekanligini bilganimizda esa afsus chekib qolmaylik.

Alfraganus universiteti Pedagogika fakulteti maktabgacha ta'lim yo'nalishi
2-bosqich talabasi Yusupova Adibaxon Anvarovna

Sabr-muvaffaqiyat kaliti.

Zaytunni siqsangiz ,musaffo yog' tortiq qiladi.Mevalarni siqsangiz ,lazzatli sharbatlar tortiq qiladi.Demak,hayot mashaqqatlarini his qilsangiz aslo ortga chekinmang

Xayotda muvaffaqiyatga erishish oson emas,lekin sabr bilan harakat qilgan odam albatta maqsadiga yetadi.Ishda -doimiy mehnat ,ilmda- tinimsiz izlanish ,oilada- tushunish va muhabbat orqali inson baxtli va muvaffaqiyatli hayot kechirishi mumkin.

Sabrli insonlar xayotda har doim yutuqqa erishadilar.Ular qiyinchiliklardan qochmaydi ,balki ularni yengib o'tish yo'llarini izlaydilar.Xar bir muvaffaqiyatsizlik-yangi tajriba,xar bir sinov-yangi imkoniyat ekanligini tushunadilar .

Hayotdagi muvaffaqiyatsizlikni tajriba deb biling.Doim o'zingiz ustingizda ishlashni davom ettiring.Xar bir ishda natijaga erishish uchun vaqt va harakat kerakligini tushuning.

Hayotimizda hamma narsa darhol sodir bo'lmaydi.Katta yutuq va orzu qilingan natijalarga erishish uchun vaqt , mehnat va sabr kerak .

Misol uchun dehqon urug' eksa ,u darxol hosil olmaydi ,yerni tayyorlaydi ,sug'oradi,parvarish qiladi va vaqt o'tishi bilan mehnatining mevasini ko'radi .

Shuning uchun ham,har qanday sharoitda sabrni yo'qotmaslik va maqsad sari qat'iyat bilan intilish kerak va shundagina biz ,,Sabr-muvaffaqiyat kaliti "ekanligini tushunib yetamiz va bu bilan biz o'zimizdan faxrlanamiz.

Hasanboyeva Kamola Dilmurod qizi

University of Business and Science

psixologiya yo'nalishi 2-bosqich talabasi

O'ZBEK MILLIY XARAKTER XUSUSIYATLARINI RIVOJLANTIRISHDA XALQ OG'ZAKI IJODI NAMUNALARIDAN SAMARALI FOYDALANISH.

University of Business and Science
Usmonova Muattar Bahodirjonovna
Pedagogika va psixologiya kafedrasi
Katta o'qituvchisi (PhD),

Hasanboyeva Kamola Dilmurod qizi

psixologiya yo'nalishi 2-bosqich talabasi

Annotatsiya: Ushbu maqolada o'zbek milliy xarakter xususiyatlarini rivojlantirishda badiiy asarlarning,xalq og'zaki ijodining o'rni katta ekanligi haqida so'z boradi. Milliy xarakter xususiyatlar badiiy asarlar orqali o'z ma'naviy ta'sir kuchini ifodalash haqida ham fikrlar yuritiladi.

Kalit so'zlar:milliy xarakter,xalq og'zaki jodi,o'smir,tarbiya,milliy,xarakter

Dunyo miqyosida har bir shaxs yashab turgan muhit ta'sirida tarbiyalanadi va uning tarbiyaviy sifatlari ham yashash muhiti bilan belgilanadi. Millatlar o'rtasida milliy xarakterning asosini tashkil qiluvchi yuksak ma'naviy fazilatlarga ega insonlar qilib tarbiyalash, ajdodlarning boy merosini yoshlarning ong-u shuuriga singdirish va shu asosda ularni yuksak ma'naviyatli qilib tarbiyalashning shaxsni shakllantirishdagi ahamiyati katta hisoblanadi. Barcha mamlakatlarda ajdodlarning ma'naviy merosiga tayanib milliy xarakter xususiyatlarining shakllanishi, rivojlanishi, milliy xarakterni rivojlantirish, unga tayanish yosh avlod tarbiyasida muhim o'rin egallaydi.

Respublikamizda ibrat-namuna yo'li bilan shaxs milliy xarakterini rivojlantirish masalasi bugungi kunda muhim ahamiyatga ega. Ibrat-namuna yoki o'rnak ko'rsatish biror voqea, harakat vositasida amalga oshiriladi. Ushbu jarayonlar badiiy asarlarda ifodalanadi. Milliy xarakter xususiyatlar badiiy asarlar orqali o'z ma'naviy ta'sir kuchini ifodalaydi. Bu borada O'zbekistonda davlat siyosatining muhim yo'nalishi sifatida "Yoshlar ma'naviyatini yuksaltirish, ular o'rtasida kitobxonlikni keng targ'ib qilish bo'yicha tizimli ishlarni tashkil etish" (to'rtinchi tashabbus)[1] uchinchi renessans[2]ning yuzaga kelishi hamda mustaqil davlatning jahon hamjamiyati mamlakatlari bilan integratsiyaga erishuvini ta'minlaydi. O'zbekiston Respublikasi

Prezidenti Sh.M.Mirziyoyev jamiyatda kechadigan ijtimoiy o'zgarishlar bilan bog'liq talablar mohiyatini tushunish shaxs tomonidan o'zligini milliy jihatdan anglashi uchun zamin yaratishi zarurligiga urg'u beradi: "Bugun zamon shiddat bilan o'zgaryapti. Bu o'zgarishlarni hammadan ham ko'proq his etadigan kim – yoshlar. Mayli, yoshlar o'z davrining talablari bilan uyg'un bo'lsin. Lekin ayni paytda o'zligini

---

[1] O'zbekiston Respublikasi Prezidentining "Kitob mahsulotlarini nashr etish va tarqatish tizimini rivojlantirish, kitob mutolaasi va kitobhonlik madaniyatini oshirish hamda targ'ib qilish bo'yicha kompleks chora-tadbirlar dasturi to'g'risida"gi (2017 yil 13 syentyabr) Qarori // lex.uz/docs/3338600; Prezidyent: yoshlarni tarbiyalashdagi 5 ta muhim tashabbus: http://www.uzdaily.uz/uz/post/5823.

[2] O'zbekistonda yangi bir uyg'onish – Uchinchi Ryenyessans davriga poydyevor yaratilmoqda// http://parliament.gov.uz/uz/events/opinion/31892.

ham unutmasin. Biz kimmiz, qanday ulug' zotlarning avlodimiz, degan da'vat ularning qalbida doimo aks-sado berib, o'zligiga sodiq qolishga undab tursin. Bunga nimaning hisobidan erishamiz? Tarbiya, tarbiya va faqat tarbiya hisobidan".[3]

Yosh avlod tomonidan milliy xarakter xususiyatlarini chuqur anglanishiga erishish jamiyat oldida turgan muhim vazifalardan biri hisoblanadi. Mazkur vazifani ijobiy hal qilish uzluksiz ta'lim tizimining barcha bosqichlarida o'quvchilarni milliy xarakter xususiyatlari bilan yaqindan tanishtirish, ularda milliy qiyofada aks etuvchi ijobiy xususiyatlardan g'ururlanish hissini tarbiyalash imkonini beradi. Badiiy asarlar vositasida o'quvchilarni milliy qadriyatlar va milliy axloq me'yorlariga muvofiq kamol toptirish ular tomonidan o'zlikni anglash, o'zini o'zbek millatining tipik vakili sifatida munosib baholash ko'nikmalarini hosil qiladi.

Pedagogik manbada ko'rsatilishicha, shaxsning muhit va tarbiya ta'siri ostida tarkib topgan va uning irodaviy faolligida, tevarak-atrofdagi olamga (boshqa kishilarga, mehnatga, buyumlarga), o'z-o'ziga bo'lgan munosabatlarida namoyon bo'ladigan individual xususiyatlari xarakter sifatida talqin etiladi.⁴

Xarakterda namoyon bo'ladigan xususiyatlar bir-biri bilan mustahkam bog'langan bo'lib, ular asosida xarakter tuzilmasi tarkib topadi. Xarakterning umumiy tuzilmasida alohida quyidagi xususiyatlar "birlashadi" va quyidagi tizimni hosil qiladi: shaxsning ishlab chiqarish faoliyatiga munosabati; shaxsning o'z-o'ziga bo'lgan munosabati; shaxsning atrofdagi kishilar (alohida shaxs, shuningdek, kishilar guruhi)ga munosabati; shaxs tabiiy va ijtimoiy borliqqa munosabati; shaxsning shaxsiy hamda o'zgalarning buyumlariga bo'lgan munosabati.⁵

Xarakterda munosabatning qanday obyektga yo'naltirilganiga ko'ra

---

[3] Mirziyoyev Sh.M. Milliy taraqqiyot yo'limizni qat'iyat bilan davom ettirib, yangi bosqichga ko'taramiz. – T.: O'zbyekiston, 2017. – 486- b.

[4] Tipi haraktyera chyelovyeka// https://www.grandars.ru/college/psihologiya/harakter-cheloveka.html.

[5] Bolshaya psihologichyeskaya entsiklopyediya /

> Samoye polnoye sovryemyennoye izdaniye. Bolyeye 5000 psihologichyeskih tyerminov i ponyatiy. – M.: Eksmo, 2007. – S. 489-490.

quyidagi turlarga ajratish mumkin: subyektning boshqa kishilarga, jamoaga, jamiyatga nisbatan (ijobiy: kirishimlilik, sezgirlik va hozirjavoblik, atrofdagilar (yaqinlar, jamoadoshlar)ni hurmat qilish; salbiy: odamovilik, bag'ritoshlik, qahri qattiqlik, qo'pollik, odamlarni mensimaslik, odamlardan nafratlanish, individuallik); mehnatga, o'z ishiga nisbatan (ijobiy: mehnatsevarlik, ijodkorlik, ishga vijdonan yondashish, tashabbuskorlik, tirishqoqlik; salbiy: dangasalik, ishni bajarishga eskicha yondashish, ishni vijdonan bajarmaslik, mas'uliyatsizlik, sustkashlik);o'ziga nisbatan (ijobiy: o'z qadrini bilish, g'ururlilik, talabchanlik; salbiy: ikkilanish, yuzsizlik, shuhratparastlik, manmanlik, jizzakilik, tortinchoqlik, xudbinlik);

o'ziga va o'zining kechinmalariga nisbatan (ijobiy: kamtarinlik, manfaatparastlik, izzattalablik); buyumlarga nisbatan (tartiblilik, pala-partishlik, buyumlarni ehtiyot qilish yoki ehtiyot qilmaslik).[6] Jumladan, xalq og'zaki ijodi namunalaridan eng ko'p qo'llaniladigan maqollarimizda yuqoridagi fikrlarni tasdiqlovchi jumlalarni ko'rishimiz mumkin.

Masalan, Abdulhakim ovga chiqdi, orqasidan g'avg'o chiqdi. (uning xarakterida ishga nisbatan mas'uliyatsizlik, doim bir ishni boshlaganda muammoga uchrashi);

Birov o'laman desa, birov kulaman deydi. (boshqalarni muammolariga befarq insonlarga nisbatan hamma o'z muammosi bilan ovora); yo lovullab yon, yo birato'la o'ch. (yashasang, katta maqsadlar bilan yasha, shijoatli, mehnatkash bo'l, qilgan ishlaring jamiyatga, insonlarga manfaatli bo'lsin, maqsadsiz, hech kimga foydasi tegmay ijtimoiylashmasdan keraksiz yashash insonga xos emasligi); Yig'laganning oldidan ingragan chiqar(doim inson o'zi qanday xarakterda bo'lsa, huddi shunday inson uchraydi, xushfelga xushfel, salbiy xarakterli insonga xuddi shunday inson ro'baro' bo'lishi aytib o'tilgan).

Bunday maqollarni ko'plab keltirishimiz mumkin.O'zbek xalq og'zaki ijodida barcha maqollar asrlar davomida o'z ifodasini topganligi bilan ham ahamiyatli.

Bizning fikrimizcha, umumiy shaxs xarakterini belgilovchi xususiyatlar

---

[6] Tipi haraktyera chyelovyeka// https://www.grandars.ru/college/psihologiya/harakter-cheloveka.html.

---

xarakter xususiyatlari deb yuritiladi. Bu xususiyatlarning namoyon bo'lishi muayyan ijtimoiy tartiblar va ularning ko'p asrlik tajribasi bilan bevosita bog'liq. Shu nuqtayi nazardan pedagogika darsligida keltirilishicha, "Ota-onaning farzand oldidagi burchi o'zbekona ta'bir bilan aytganda farzandga yaxshi ism qo'yish yaxshi muallim qo'liga topshirib savodini chiqarish, ilmli kasb-hunarli, oilali va uy joyli qilishdan iboratdir"[7].Ya'ni bu ham o'zbek milliy xarakteriga xos ijobiy xislatlardan biridir.psixologik hamda pedagogik manbalarda bir guruh tadqiqotchilar "xarakter" va "mentalitet" tushunchalari ba'zan bir ma'noni anglatadi degan fikrni ilgari surishsa, boshqa bir guruh olimlar har ikki tushuncha bir-biridan farqlanuvchi holatlarni ifodalashini ta'kidlaydi. Jumladan, E.G'ozievning fikrlariga ko'ra "xarakter" tushunchasi psixologiyada torroq mazmunda qo'llanilib, "bosilgan tamg'a" yoki "qiyofa", "xususiyat"[8], "o'yilgan chiziq"[9] degan ma'nolarni anglatadi. Darhaqiqat, ushbu atama yunoncha ("charaktir")dan tarjima qilinganda "zarb qilish", "belgi qo'yish" ma'nosini anglatib, uning negizida "shaxs xulqining tipik usullari bilan bog'liq faoliyat, muomala va munosabatda namoyon bo'luvchi va mujassamlashtiruvchi barqaror individual xususiyatlari majmuasi" namoyon bo'ladi[10]. Ayni o'rinda shuni ham aytib o'tish lozim: "shaxsning xarakter tuzilishi turli xususiyatlarning tasodifiy yig'indisidan iborat emas, balki o'zaro bir-biriga bog'liq, hatto tobe yaxlit tizimdan tarkib topadi"[11]. Ana shu jihatiga ko'ra, shaxs xarakteri uning hayotiy faoliyati davomida shakllantiriladi hamda jismi (tanasi, mavjudligi) bilan o'zaro uyg'unlik kasb etadi. Shuni ham aytib o'tish lozimki, shaxs qiyofasida aks etayotgan "barcha individual xususiyatlarini xarakter xususiyati tarkibiga kiritib bo'lmaydi, chunonchi, aqlning tiyrakligi, topqirlik, xotiraning barqarorligi, ko'rishning o'tkirligi,

---

[7] R. Mavlonova, O. Turayeva, K. Xolikbyerdiyev Pyedagogika darslik Toshkyent o'qituvchi 2001 b 400

[8] G'oziyev E.G'. Psihologiya /Kasb-hunar kollyejlari uchun darslik. Ikkinchi nashr. – T.: "O'qituvchi" nashriyot-matbaa ijodiy uyi. 2008. – 167-b.

[9] Xaraktyer //https://www.s-vfu.ru/universitet/rukovodstvo-i-struktura/instituty/pi/ums/kpp/NO/leksiya 21.pdf.

[10] G'oziyev E.G'. Psihologiya /Kasb-hunar kollyejlari uchun darslik. Ikkinchi nashr. – T.: "O'qituvchi" nashriyot-matbaa ijodiy uyi. 2008. – 167-168-b.

[11] O'sha manba. – 172-b.

---

idrokning tanlovchanligi singari individual-psixologik xususiyatlar bunga yorqin misoldir"[12].

Bunda, ayniqsa, nasliy xususiyatlarning ta'siri hamda ijtimoiy munosabatlarning ahamiyati inobatga olinishi lozim. Xarakterning har bir xususiyati shaxsning munosabatlariga bog'liq bo'lib, ular, o'z navbatida, ijtimoiy munosabatlar bilan belgilanadi. Nasliy xususiyatlari bir xil bo'lgan egizaklarda turlicha ijtimoiy muhitda xarakter xususiyatlari har xil shakllanadi. Shu sababdan, ijtimoiy tuzumni tavsiflovchi keng ijtimoiy munosabatlar, shaxsning ijtimoiy tipik xususiyatlarinigina emas, balki xarakterning individual xususiyatlari tarkib topishiga ham katta ta'sir o'tkazadi. Ijtimoiy munosabatlarga bevosita yoki bilvosita bog'liq tarzda, oilada va mehnat jamoatlarida – xayrixohlik, o'rtoqlik, o'zaro yordam, hamkorlik yoki, aksincha, johillik, zolimlik, badjahllik kabi shaxslararo munosabatlar tarkib topa boshlaydi"[13]. Xarakter xususiyatlarga bog'liq tarzda diqqatga ham alohida to'xtalib o'tamiz. Bu o'rinda diqqatning barqarorligi, harakatning aniqligi va maqsadga yo'nalganligi, ijodiy yondashuv, samarali usullarning qo'llanilishi, aqlning tiyrakligi (zehnning o'tkirligi, fahm-farosatning yuqoriligi) shaxs xarakterining ustuvor jihatlari sanaladi. Bu esa, shaxsda xarakter xususiyatlarini shakllantirishning ana shu jihatlariga e'tibor qaratishni talab etadi. Shuni ham alohida ta'kidlash kerakki, milliy xarakter xususiyatlarini tarkib toptirishda o'zbek xalq og'zaki ijodining o'rni va tarbiyaviy ahamiyati katta.Ayniqsa, eng ko'p murojaat qilinadigan xalq og'zaki ijodi turlaridan xalq qo'shiqlari bunga yaqqol misoldir. Bu haqda M.Ismoilova shunday yozadi:" Xalq qo'shiqlari bolalarda eng yaxshi insoniy fazilatlar: vatanparvarlik, mehnatga muhabbat, odamlarga ishonch, do'stlarga sadoqat tuyg'ulari va o'z-o'ziga talabchanlikni shakllantiradi. Xalq qo'shiqlari o'quvchilar uchun ilk tarbiya darsligi, ma'naviy-axloqiy boyliklarning bitmas-tuganmas xazinasidir"[14].

---

[12] O'sha manba. – 167-b.

[13] O'sha manba. – 176-b.

[14] Ismoilova M.E. Xalk kushiklari vositasida ukuvchilarning ma'naviy-ahlokiy fazilatlarini

---

Darhaqiqat milliy xarakter xususiyatlarni rivojlantirishda xalq qo'shiqlarining o'rni beqiyos. Yana eng keng tarqalgan xalq og'zaki ijodi namunalaridan biri qo'shiq hisoblanadi.

Endi lirik qo'shiqlardan bir namuna keltiraylik:

  Tolga chiqib tol bo'ldim,

  Tusholmay behol bo'ldim.

  O'z tengimning ichida

  Muncha betole bo'ldim.

Qo'shiq aytayotgan qizmi, yigitmi tolga chiqqani, tushgani haqida xabar berayotgandek tuyuladi. Vaholanki, uning maqsadi bizga qilgan harakatini aytish emas. Balki o'z tengini topa olmay qalban iztirob chekayotganini izhor qilishdir. Tol esa shunchaki bir vosita, xolos. Odatda, qo'shiqlarning dastlabki misralari, ko'pincha, tinglovchini chalg'itish yoki nimanidir ifodalash maqsadida to'qiladi.

Asosiy maqsad oxirgi misrada, ba'zan 3-4- misralarda ifodalanadi.

Yana bir qo'shiq matniga murojaat qilaylik:

  Dayrani ul yuzidan sel keladi,

  Sel bilan ikki o'rdak teng keladi.

O'rdakka o'rdak munosib, g'ozga g'oz,

Yigitga qayliq munosib, qizga noz.

Bu qo'shiqda daryodan toshib kelayotgan sel, sel bilan teng uchayotgan o'rdak, o'rdakning o'rdakka, g'ozning g'ozga munosibligi, yigitning orzu qilgan qizda noz, istig'noni ko'rish havasi borligini ifodalovchi vosita, bir bahona, xolos. Yigitning asosiy niyati o'ziga munosib deb bilgan yor tavsifi, uning o'ta andishali qiz ekanini ta'riflashdir. Shunday qilib, inson qaysi vosita bilan bo'lmasin, o'zining his-tuyg'usini, ichki kechinmalarini, ruhiy holatini izhor qilar ekan, lirik asar namunasi vujudga keladi. Bunday misollarni ko'plab keltirish mumkin.

Badiiy adabiyotlar vositasida o'quvchilarda milliy xarakter

Ismoilova M.E. Xalk kushiklari vositasida ukuvchilarning ma'naviy-ahlokiy fazilatlarini shakllantirish. Pyed.fan.nom. ... diss. - Toshkyent, 2006. - 27 b.

xususiyatlarini rivojlantirishga yo'naltirilgan sinov ishlarini tashkil etish uchun tajriba maydonlari sifatida umumiy o'rta maktablar tanlanib, ularning har biridan respondent o'quvchilar soni belgilandi (3.1.1-jadval):

3.1.1-jadval

Tajriba maydonlari sifatida tanlangan umumiy o'rta maktablari va ulardan jalb etilgan respondentlar soni

№	Tajriba maydonlari	Respondentlar soni (jami: 492 nafar)
1.	Namangan viloyati	52(6 sinf)
		55(7 sinf)
		54(8 sinf)
2	Andijon viloyati	54(6 sinf)
		54 (7 sinf)
		56 (8 sinf)
3	Farg'ona viloyati	56(6 sinf)
		55(7 sinf)
		56(8 sinf)

Ijtimoiy fanlar, xususan, pedagogika va psixologiya sohalarida ilmiy tajriba ikkita: tajriba va nazorat guruhlarini jalb etgan holda amalga oshiriladi. Buning sababi quyidagicha: tajriba guruhida sinov uchun tavsiya qilingan maxsus metodika qo'llanilsa, unga muqobil bo'lgan nazorat guruhida odatdagi tartibda – umumiy o'rta ta'lim maktabining ma'naviy-ma'rifiy ishlar rejasiga muvofiq tarbiyaviy jarayon tashkil etiladi. Muayyan g'oya ilgari suriladi. Xususan, mazkur tadqiqotda dissertant tomonidan tavsiya ilmiy g'oya (innovatsion yondashuv asosida badiiy adabiyotlar vositasida o'quvchilarda milliy xarakter xususiyatlarini rivojlantirish) va unga asoslangan metodika (innovatsion, interfaol, rivojlantiruvchi, loyiha va o'yin texnologiyalari)ga ko'ra badiiy adabiyotlar vositasida o'quvchilarda milliy xarakter xususiyatlarini samarali rivojlantirishga muvaffaq bo'linadi.

Shu bois asoslovchi tajriba bosqichida tajriba maydonlarida tajriba hamda nazorat guruhlari shakllantirildi. Har bir guruhga ma'lum miqdorda respondent o'quvchilar biriktirildi. Tajriba maydonlari bo'lgan umumiy o'rta ta'lim maktablarida tajriba va nazorat guruhlariga biriktirilgan respondentlarning soni quyidagi miqdorni tashkil etdi (3.1.2-jadval):

3.1.2-jadval

Tajriba va nazorat guruhlariga biriktirilgan respondentlar soni

№	Tajriba maydonlari	Respondentlar soni (jami: 492 nafar)	
		Tajriba guruhi	Nazorat guruhi
1.	Namangan viloyati	26	26 (6 sinf)
2.		28	27(7 sinf)
3.		27	27(8 sinf)
4.	Andijon viloyati	27	27(6 sinf)
5.		27	27(7 sinf)
6.		28	28(8 sinf)
7	Farg'ona viloyati	28	28(6sinf)
8		27	28(7 sinf)
9		28	28(8 sinf)
	Jami	245	247

Asoslovchi tajriba bosqichida badiiy adabiyotlar vositasida o'quvchilarda milliy xarakter xususiyatlarini rivojlantirishga doir dastur hamda sinov davrida amalga oshiriladigan ma'naviy-ma'rifiy ishlar rejasi ishlab chiqilib, tadbirlarni o'tkazish tartibi belgilandi (3-ilova).

Yuqorida aytib o'tilganidek, asoslovchi tajriba bosqichida esa badiiy adabiyotlar vositasida o'quvchilarda milliy xarakter xususiyatlarini rivojlantirishga xizmat qiluvchi ta'limiy ishlanmalar, shuningdek, sinfdan va maktabdan tashqari sharoitda tashkil etiluvchi ma'naviy-ma'rifiy tadbirlarning loyiha (ssenariy)lari tayyorlandi. Ta'limiy ishlanmalar va ma'naviy-ma'rifiy tadbirlarning loyihalarini tayyorlashda innovatsion texnologiyalardan samarali foydalanildi. Ularni tayyorlashda tadbirlar jarayonida o'qituvchilarning emas, aksincha, o'quvchilarning faol ishtirok etishlarini ta'minlashga e'tibor qaratildi. Tadqiqot jarayonida innovatsion, interfaol, rivojlantiruvchi, loyiha, o'yin texnologiyalari shaxsda muayyan xususiyatlarni rivojlantirishda katta imkoniyatga egaligi bois ulardan foydalanish kutilgan natijani ta'minladi.

Tajriba-sinov natijalari tahliliga ko'ra, tadqiqot jarayoniga jalb etilgan tajriba guruhidagi o'quvchilarning nazorat guruhi o'quvchilariga nisbatan bilim, ko'nikma va malakalari samarali ekanligi aniqlandi. Bu holatni obyektiv baholash uchun statistik tahlil amalga oshiriladi, aniqlangan xulosagina tajriba-sinov ishlarining ilmiy, pedagogik, texnologik va metodik jihatdan to'g'ri samarali olib borilganini tasdiqlaydi. Ta'kidlovchi tajriba-sinov davrida ham statistik tahlilni amalga oshirish uchun Styudent va Pirson metodlari tanlandi. Mazkur metod ikki guruhda qayd etilgan ko'rsatkichlarni aniqlash va obyektiv baholash imkoniga ega. Matematik statistik metodning mohiyatiga ko'ra dastlabki bosqichdagi kabi tajriba va nazorat guruhlarida qayd etilgan 1-2 tanlanmalar sifatida belgilanib yuqori, o'rta va past darajalar bo'yicha variatsion qatorlarni hosil qilish lozim bo'ldi.

Bu diagrammada quyidagi ko'rinishni oldi.

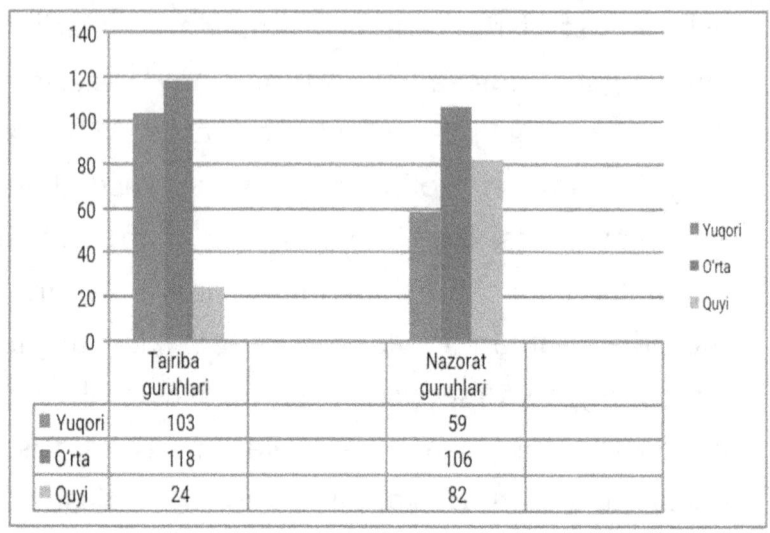

Xulosa qilib aytganda o'quvchilarni o'zbek xalqiga xos milliy xarakter xususiyatlari bilan yaqindan tanishtirish ularda badiiy qahramonlarning qiyofalari, irodaviy va ma'naviy-axloqiy sifatlarini baholash ko'nikmalarini shakllantiradi hamda ularga nisbatan shaxsiy munosabatni qaror toptiradi.

Umumiy o'rta ta'lim maktablari faoliyatini o'rganish, adabiy ta'limning tashkil etilishi, o'quvchilar faoliyatini kuzatish badiiy adabiyotlar vositasida o'quvchilarda milliy xarakter xususiyatlarini shakllantirish masalasining e'tibordan chetda qoldirilganligi hamda buning obyektiv va subyektiv sabablari mavjudligini ko'rsatdi.

Badiiy asarlar vositasida o'quvchilarda milliy xarakter xususiyatlarini rivojlantirishda mavjud pedagogik shart-sharoit hamda omillardan foydalanishning samarali yo'llarini izlash, adabiyot fani o'qituvchilariga metodik yordamni yo'lga qo'yishni o'rganish, shuningdek, o'quvchilarda badiiy asarlarga nisbatan qiziqishni o'stirish kutilgan natijalarni qo'lga kiritish imkonini beradi.

Tajriba-sinov ishlari jarayonida badiiy asarlarning g'oyalari, shuningdek, qahramonlarning turmush tarzi, hayotiy intilishlari, xulq-atvori, xatti-harakatlari, atrofdagilarga munosabati va muomalasi asosida o'quvchilarda milliy xarakterga xos irodaviy sifatlarni rivojlantirish imkoniyatiga egaligi aniqlandi.

Foydalanilgan adabiyotlar ro'yxati.

1. andryeyeva N.Yu., Trusova N.V. Osobyennosti obuchyeniya pyedagogov s uchyetom razlichnih uchyebnih tsyelyey // Nauchnoye obyespyechyeniye sistyemi povishyeniya

kvalifikatsii kadrov. 2012. № 1 (10). S.19–24.

2. Karamatov H., Saidqosimov S. (rahbar) va boshq. amir Tyemur jahon tarihida . – T.: Sharq nashriyot-matbaa kontsyerni, 2001. –B.304

3. Ismoilova M.E. Xalq qo'shiklari vositasida o'quvchilarning ma'naviy-ahloqiy fazilatlarini shakllantirish. Pyed.fan.nom. ... diss. – Toshkyent, 2006. –B.27.

4. atadjonova Sh.a. Oilada yoshlarni vatanparvarlik ruhida tarbiyalashda milliy qadriyatlardan foydalanishning pyedagogik asoslari: Pyed. fanl. nom. ... diss. avtoryef. – T.: 2001. –B.19.

5. Egambyerdiyeva N. Ijtimoiy pyedagogika darslik. – T.: a.Navoiy nomidagi O'zbyekiston milliy kutubhonasi, 2009. –B.45.

6. Byekmurodov a. Tarbiyaning ustuvor yo'nalishlari // Xalq ta'limi. 2004. 1-son, – B.20-24.

7. Usanov Sh. Pyedagogia tarihi fanidan ma'ruza mashg'ulotlar ishlanmasi. Samarqand. 2015. –B. 27.

8. Karimova V., akramova F.a., Ochilova G., Musahonova G. Pyedagogika. Psihologiya. O'quv qo'llanma. –Toshkyent. 2015. –B.81.

9. Mavlonova R., Turayeva O., Xoliqbyerdiyev K. Pyedagogika. Darslik. –T.:O'qituvchi, 2001. –B. 400.

10. Bekmurodov M.B., Byegmatov a. Milliy myentalityet va rahbar ma'naviyati. – T.: adolat, 2003. –B.77..

Shoyimova Farangiz Mustafo qizi

Qarshi DU Boshlang'ich ta`lim yo'nalishi 2-bosqich talabasi .

Ilmiy rahbari

Aslonova Orzigul Pirimovna.

O'zgaruvchan ta'lim muhitida o'quvchilarni faollashtirish usullari

Annotatsiya:

Ushbu maqolada interfaol metodlar va ular haqida ma'lumotlar keltirilgan. Boshlang'ich sinf o'quvchilari uchun darsni qiziqarli va samarali tashkil qilish, o'quvchilarning ijodiy va mantiqiy qobiliyatlarini shakllantirish uchun ,fanlarni turli interfaol metodlardan foydalanib tashkil qilish keltirib o'tilgan.Ulardan qachon va qanday foydalanilsa yaxshiroq samara berishi va bir nechta metodlar kiritilgan. Bu metodlarni qaysi fanlarda qanday foydalanish usullari ham.

Kalit so'zlar:

Interfaol, metod, o'qituvchi , o'quvchi, guruh, dars, qiziqish, boshlang'ich sinf, ona tili, matematika, jamoa.

Kirish:

Hozirgi kunda o'quvchilarni darsga qiziqtirish va dars unumdorligini oshirish uchun interfaol metodlardan foydalanish yaxshi samara beradi.

Interfaol metodlar o'quvchilarga dunyo qarashlarini kengaytirish, o'rganilgan bilimlarini takrorlash va hamkorlikda jamoa bo'lib ishlashga ko'maklashadi. Interfaol ingliz tilida ''interact,, deb ifodalanib inter –o'zaro, ikki taraflama, act – harakat qilmoq , ish ko'rmoq kabi ma'nolarni anglatadi. Interfaol deganda barcha birgalikda ishlashi,o'quvchini faollashtiruvchi metodlar tushuniladi. Interfaol metodlar o'quvchilarni darsga qiziqishlarini oshirish ,darsni samarali tashkil qilish demakdir.Interfaol metodlar o'zaro hamkorlikni oshiradi. O'qituvchi va o'quvchilar o'rtasida muloqotni tashkil etadi.

Boshlang'ich sinf o'quvchilariga darsni tashkillashtirish jarayonida interfaol metodlardan foydalanish ancha samara beradi. Bunda o'quvchilarni guruhlarga bo'lib olish kerak va guruhlarni nomlab olish ham kerak. So'ngra interfaol metodlarimizni qo'llaymiz.Metodlarimiz tugaganidan so'ng g'olib jamoamizni rag'batlantiramiz. Bu usul darsni qiziqarli va samarali o'tishiga yordam beradi. Bu holatda o'rtaga aniq bir savol qo'yiladi va guruhlar bu savolni yechimini izlashadi. Berilgan savolning mazmuniga qarab fikrlar almashiniladi va o'zaro hamkorlik yuzaga keladi. Interfaol metodlarni qo'llashda guruhlarga bo'lish doim ham shart emas bu narsa o'qituvchining qo'llayotgan metodiga bog'liq.

Interfaol metodlarni boshlang'ich ta`lim o'quvchilariga qo'llash natijasida o'quvchilar o'rtasida hamkorlik, jamoaviy ishlash va fikr almashishlar yuzaga keladi. Jamoa bo'lib ishlash fikrlarning turli tumanligi aynan bir muammoni hal qilish uchun yechimlarning ko'pligi bilan farqlanadi. Aynan bir muammo yoki taklif ustida fikrlarning xilma xilligi ancha samara beradi.

Har bir darsni qiziqarli va yangicha metodlar bilan tashkil qilish o'quvchilarni bilim olishga va darsga jalb qilishga undaydi. Darslarni turli xil metodlar va qiziqarli o'yinlar bilan tashkil qilish o'quvchilarni qiziqishini oshiradi. Matematika darslarida turli metodlardan foydalanib daarsni tashkil qilish o'quvchilarni matematika faniga bo'lgan qiziqishlarini oshiradi. Misol uchun 1- sinf o'quvchilariga qo'shish va ayirishni tushuntirish uchun ushbu metoddan foydalanilsa o'quvchilarni darsga qiziqtirish oson bo'ladi.

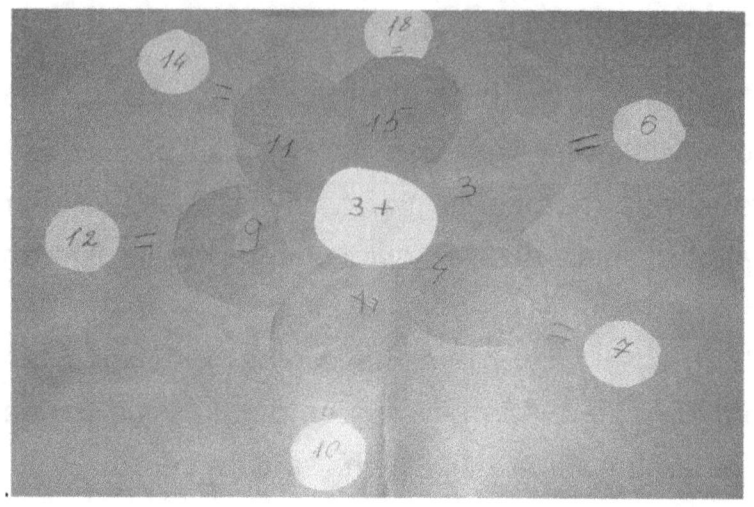

Ushbu ko'rib turgan rasmingizda gul tasvirlangan . Gulning markazida bitta son va + (plus) yaproqlarida esa sonlar . O'quvchilar ishorasiga qarab berilgan misollarni ishlaydilar va javoblarini doiralar ichiga yozishadi. Bu metodni qo'shish va ayirishdan tashqari ko'paytirish va bo'lishda ham ishlatsa bo'ladi.Guldan tashqari boshqa shakllardan ham foydalanish mumkin . Qanday shakllardan foydalanishni esa o'quvchilar ham tanlashlari mumkin. Bu yerda misollar to'liq va sodda shaklda ko'rsatilgan . O'qituvchilar mavzularidan kelib chiqib misollarni tuzishlari mumkin va doira ichiga javoblarni yozishmaydi faqat misolning o'zi keltiriladi, o'quvchilar esa misollarni ishlab doira ichiga javoblani yozib chiqadilar. Ko'rib turgan metodingiz oddiy va sodda ko'rinishi mumkin lekin bu metod 1- sinf o'quvchilari uchun qiziqarli va noodatiy . Shunga o'xshash yoki turli xil boshqa metodlardan foydalanish o'quvchilarni matematikaga bo'lgan qiziqishlarini oshiradi.

Ona tili va o'qish savodxonligi darslarida turli metodlarni qo'llash orqali o`quvchilarni fanlarga bo'lgan qiziqishlarini oshirish mumkin. Ona tili darslarida bir bo'lim tugaganida takrorlash yoki mustahkamlash darslari bo'lib o'tadi. Bu darslarda o'quvchilarning shu bo'lim yuzasidan olgan ma'lumotlari takrorlab olinadi. Shunda darslarda turli metodlardan foydalanish o'quvchilarni darsga bo'lgan qiziqishlarini oshiradi.

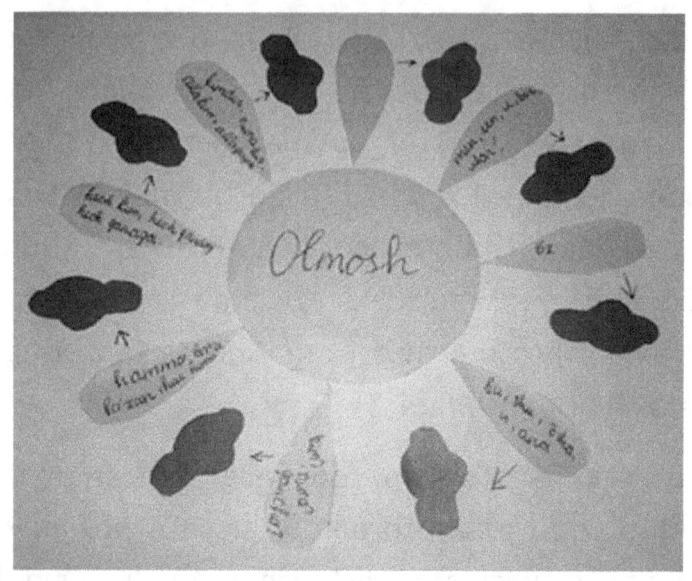

Ushbu rasmda quyosh tasvirini ko'rib turibsiz. Bu metod teskari metod bo'lib unda savollar boshqacha qo'llanadi. Ko'rib turgan quyoshimizda olmosh so'z turkumi yozilgan, atrofida quyosh nurlari ularda olmoshlarning ma'no turlari emas balki ularni hosil qiluvchi birliklar keltirilgan. O'quvchilar keltirilgan so'zlarga qarab ular qaysi olmosh turi ekanligini aniqlashlari kerak. O'quvchilar javoblarni topishganidan so'ng ularni bulutlarga joylashtirib chiqiladi. Ushbu metoddan ona tili, o'qish savodxonligi va tabiiy fanlarda ham foydalansa bo'ladi.

Xulosa qilib shuni aytish mumkinki, o'quvchilarni ayniqsa boshlang'ich sinf o'quvchilarini darsga qiziqishini oshirish uchun interfaol metodlardan foydalanib darsni samarali tashkil qilish kerak. Bu nafaqat darsni qiziqarli balki dars samaradorligini oshiradi.

Foydalanilgan adabiyotlar:

1. Ismoilova Yulduz. Umumiy Pedagogika. Qarshi "Fan va ta'lim" nashriyoti 2022.

2. Mehmonov M.H, Abduraximov Z.A. "Interfaol metodlar va ularning ta'lim jarayonidagi mohiyati". Yangi O'zbekiston Pedagoglari Axborotnomi 2023-yil.

3. Sidiqova.D.S.(2021). ZAMONAVIY TA'LIMDA MASOFAVIY O'QITISH TIZIMI. Scientific progress, 2(7), 1027-1031.

4. Shavkatovna,S. D.(2022).MASOFAVIY TA'LIM SHAROITIDA BOSHLANG'ICH TA'LIM YO'NALISHI TALABALARNING KASBIY KOMPETENTLIGINI TAKOMILLASHTIRISH METODIKASI.PEDAGOGS jurnali, 1(1),61-62.

Abdullayeva Laylo Aybek qizi

"Alfraganus universiteti" Tibbiyot yo'nalishi

Farmatsiya fakulteti 23-01 guruh talabasi

Aloe vera o'simligining dorivor xususiyatlari

Anotatsiya:

Ushbu maqolada Aloe vera o'simligining dorivor xususiyatlari va uning tibbiyot, kosmetologiya hamda xalq tabobatidagi qo'llanilish imkoniyatlari tahlil qilinadi. Tadqiqot davomida oʻsimlikning kimyoviy tarkibi, inson organizmiga taʼsiri va shifobaxsh xususiyatlari koʻrib chiqiladi. Shuningdek, Aloe veradan tayyorlanadigan tabiiy dori vositalari, ularning qoʻllanilish usullari va ehtiyot choralari haqida maʼlumot beriladi.

Kalit soʻzlar:

Aloe vera, dorivor oʻsimliklar, tabiiy dori vositalari, xalq tabobati, tibbiyot, kosmetologiya, shifobaxsh xususiyatlar, organizmga taʼsiri.

Mavzuning dolzarbligi . Respublikamizda soʻngi yillarda dorivor oʻsimliklarni muhofaza qilish, tabiiy resurslardan oqilona foydalanish, dorivor oʻsimliklar yetishtiriladigan plantatsiyalar tashkil etish va ularni qayta ishlash borasida izchil islohotlar amalga oshirilmoqda. Aloe vera (Aloe barbadensis miller) - yovvoyi o'simlik bo'lib, asosan tropik va subtropik uchraydi. Aloe vera uzun tarixga ega bo'lib, qadimiy davrlardan beri tibbiyotda, kosmetikada va oziq-ovqat sanoatida keng qo'llanib kelinmoqda.Aloening bargidan olinib konservatsiya qilingan biostimulyatorlarga boy ekstrakta organizm mustahkamligini oshiruvchi vosita sifatida teri ostiga yuboriladi

Mavzuning maqsadi. U o'zining shifobaxsh hususiyatlari, go'zallik va sog'liq uchun foydali ta'sirlari bilan mashhurdir. Aloe vera o'simligi tarkibida ko'plab biologik faol moddalar mavjud bo'lib, ular sog'liqni yaxshilashga yordam beradi. Uning foydali xususiyatlari uzoq vaqt davomida tanilgan va ilmiy tadqiqotlar orqali tasdiqlangan. Aloe vera o'simligi tarkibida bir qator faol moddalar, masalan, polisakkaridlar, vitaminlar (A, C, E), minerallar (mangand, selen, kalsiy), aminokislotalar va organik kislotalar mavjud. Ularning barchasi salomatlikka ijobiy ta'sir ko'rsatadi. Aloe vera ning farmatsevtikadagi o'rni quyidagicha:

Terini davolash va yangilash:

Yallig'lanishga qarshi ta'sir:

 Soch parvarishi

Stamatologiyada qo'llaniladi:

Yuz va tana parvarishi

Immun tizimini yaxshilash

Ichak faoliyatini yaxshilash:

Shifobaxsh va tonik ta'siri:

Farmatsevtikada aloe o'simligi krem, gel, sirop va boshqa preparatlar shaklida keng tarqalgan. Uning ta'siri va samaradorligi klinik tadqiqotlar orqali isbotlangan, shuning uchun farmatsevtikada u muntazam qo'llaniladigan va o'z o'rnini topgan o'simliklardan biridir. Aloe vera ning ichida mavjud bo'lgan bioaktiv moddalar, antibakterial, yallig'lanishga qarshi va immunitetni mustahkamlovchi xususiyatlarga ega. Foydalanilgan adabiyotlar: Begmatova M. A.., Muxtarova F. M.., Sharafiddinova M. A. The Importance of learning the medical properties of the aloe plant. Jumanova, S. I., & Mullaboyeva, G. (2023). Bolalarni Maktab Ta'limiga Tayyorlashda Sharq Va G 'Arb Allomalarining Qarashlaridan Foydalanish. Образование Наука Инновационные Идеи В Мире, 34(6), 85-90

Xulosa :

Aloe vera o'simligi, uning tarkibidagi biologik faol moddalar va shifobaxsh xususiyatlarga ega. Aloe vera teri, ichak tizimi, immun tizimi va umumiy sog'lik uchun juda foydalidir. Shunday bo'lsa-da, aloe vera mahsulotlarini ishlatishda ehtiyotkorlik zarur, chunki ba'zi hollarda u salbiy ta'sir ko'rsatishi mumkin..

Foydalanilgan adabiyotlar ro'yxati:

1. Karomatov A., Jo'rayev S. (2019). Dorivor o'simliklar va ularning shifobaxsh xususiyatlari. Toshkent: Fan nashriyoti.

2. O'zbekiston Respublikasi Sog'liqni saqlash vazirligi (2021). Tabiiy dori vositalari: O'simliklar asosidagi davolash usullari. Toshkent.

Alfraganus University Tibbiyot Fakulteti Farmasevtika Yo'nalishi 2-kurs Talabasi Nazirboyeva Feruzabonu

Doniyorova Zulayho Uchqunjon qizi

Alfraganus universitet Tibbiyot fakulteti

farmasevtika yo'nalishi 2-kurs talabasi

LAVANDA O`SIMLIGINING TABOBATDAGI XUSUSIYATLARI

Annotasiya: Lavanda (Lavandula), yong'oqgulli oilasiga mansub bo'lgan o'simliklar turkumi bo'lib, asosan o'zining chiroyli gullari, xushbo'y hidi va terapevtik xususiyatlari bilan tanilgan. U asosan o'rtacha iqlimi bo'lgan hududlarda o'sadi va tibbiyotda, kosmetika sanoatida hamda oshxona va bezatish uchun ishlatiladi.

Kalit so'z : yog', tinchlantiruvchi, parfemeriya , kosmetika, stress, dori vositasi.

Xalq tabobati va tibbiyotda lavanda o'simligi gulidan tayyorlagan dori vositalari tinchlantiruvchi ta'sirga ega, u bosh og'rig'i uchun, bakteriyalarning ko'payishini oldini olishda, fiksatsiya qiluvchi, antikonvulsant ta'sir sifatida, meteorizmga qarshi ta'sir qilishda va diuretik sifatida onkologik kasalliklarni davolashda samarali qo'llash mumkinligi haqida ma'lumot juda ham ko'p. Bundan tashqari hozirgi vaqtda lavanda yog'i ko'plab ishlab chiqarishda qo'llaniladi. Xususan, dorivor va parfyumeriya-kosmetik preparatlar, alkogolli ichimliklar, keramika va bo'yoq sanoatida qo'llaniladi.

Lavanda turkumida 30 dan ortiq tur mavjud, ammo eng mashhur va keng tarqalgan turlari quyidagilardir:

Lavandula angustifolia (ingliz lavandasi): Eng keng tarqalgan va terapiyadagi eng samarali turi.

Uning gullari va yog'i xushbo'y va tinchlantiruvchi ta'sir ko'rsatadi.

Lavandula latifolia (spansiya lavandasi): Ko'proq o'simlik yog'ini olish uchun ekiladi, va bu turi ingliz lavandasiga nisbatan kuchliroq hidga ega.

Lavandula stoechas (fransuz lavandasi): Yevropa va O'rta er dengizi hududlarida o'sadi va uning gullari ko'proq bezak maqsadida ishlatiladi.

Lavanda asosan o'rta dengiz mintaqasida, issiq iqlimda o'sadi. U quyuq, toshli va yaxshi drenejlangan tuproqlarda yaxshi o'sadi. Uning o'sishi uchun quyoshli joylar, pomidor yoki zaytun daraxtlari kabi o'simliklar bilan yaxshi moslashgan.

Lavanda yog'ining foydali taraflari :

Stressni kamaytiradi- Lavanda yog'i nafas olish yoki massaj orqali stressni kamaytiradi, bosh og'rig'ini yengillashtiradi.

Uyquni yaxshilashda - Odamlarga lavanda aromaterapiyasidan foydalanish, uyquni yaxshilashda yordam beradi.

Yaralarni tez davolaydi- Lavanda yog'i antiseptik va antibakterial xususiyatlarga ega, shuning uchun u yaralarni davolashda, teri infeksiyalarini bartaraf etishda ishlatiladi.

Lavanda yog'i- muskul og'riqlari, bosh og'rig'i yoki asabiy og'riqlarni kamaytirishga yordam beradi.

Lavanda o'zining xushbo'y hidi va ko'rkam gulli tuzilishi bilan bezatish va kosmetika sohasida keng qo'llaniladi: -Masalan: "Parfyumeriya: Lavanda gullaridan olingan efir moyi parfyumeriya sanoatida keng qo'llaniladi.Hamda Kosmetika; Teri parvarishlash mahsulotlarida lavanda yog'i ishlatiladi, chunki u terini yengillashtiradi va zararli ta'sirlardan himoya qiladi.

O'rta asrlarda yevropaliklar lavandani o'z uylarini tozalash, zararkunandalarga qarshi kurashish va ruhiy salomatlikni yaxshilashda ishlatganlar.

Xulosa

Lavanda nafaqat go'zal va xushbo'y gullarga ega o'simlik, balki uning tibbiy va kosmetik foydalari ham keng tarqalgan. Bu o'simlik inson salomatligi uchun ko'plab afzalliklarni taqdim etadi va insonlarning hayot sifatini oshiradi.

Shuningdek, lavanda o'simligi ekoloji jihatdan muhim bo'lib, uning ishlab chiqarilishi va ishlatilishi orqali insonlar ekologik barqarorlikni ta'minlashlari mumkin.

FOYDALANILGAN ADABIYOTLAR RO'YXATI VA INTERNET SAYTLARI

1. Абдуллаев А.А., Мадумаров Т.А., Дариев А.С., Сатторов Б.Х., Рўзматов Э.Ю., Сирожидинов Б.А. Биологиядан қисқача изоҳли луғат.//Методик қўлланма.-Тошкент: Наврўз, 2016.-йил 174-бет

2. Farmatsevtika institutlari uchun darslik. Q2/ H.X. Xolmatov, O '.A. Ahmedov; O 'zR Oliv va o'rta-maxsus ta'lim vazirligi. — T.: Cho'lpon nomidagi nashriyot-matbaa ijodiy uyi, 2008. –yil 190-bet

3. М.А. Кузнецова. Лекарственное растительное сырье и препараты. М., 1987. –

4. Н.И. Гринкевич, Л.Н. Софронич. Химический анализ лекарственных растений. М., 1983. 176 с

5. https://uz.wikipedia.org/w/inde x. php?

Qashqadaryo viloyati Yangi Nishon tumani Qobulov Amir Ilhom o'gli 2006yil 16-aprelda to'g'ilgan.Axborot texnalogiya menejment universiteti tarix fakulteti 1-kurs talabasi.

SSSRNING parchalanishi va mustaqil davlatlar

Qobulov Amir Ilhom o'g'li Axborot texnologiyalari va menejment unversteti Tarix yo'nalishi 1kurs talabasi .

Annotatsiya:

Ushbu ilmiy ishda XX asr oxirida sodir bo'lgan dunyo tarixidagi eng muhim siyosiy voqealardan biri — Sotsialistik Sovet Respublikalar Ittifoqining (SSSR) parchalanishi tahlil qilinadi. Shuningdek, Gorbachyov islohotlari va 1991-yil avgust voqealari asosida parchalanish jarayoni bosqichma-bosqich bayon etilgan. Ishda SSSR parchalanishining Markaziy Osiyo, xususan, O'zbekiston mustaqillik jarayoniga ta'siri ham tahlil qilinadi. Maqola zamonaviy tarixiy manbalar va tadqiqotlarga asoslangan bo'lib, talabalarga va tarix ixlosmandlariga mazkur murakkab jarayonning mohiyatini tushunishga yordam beradi.

Kalit so'zlar:

SSSR, Moskva, Gorbachyov, Markaziy Osiyo, MDH, Rossiya, Ukraina, AQSH, NATO.

SSSR (Sotsialistik Sovet Respublikalar Ittifoqi) — 1922-yilda tashkil topgan va 1991-yilga qadar mavjud bo'lgan dunyodagi eng yirik davlatlardan biri edi. U 15 ta ittifoqdosh respublikadan iborat bo'lib, markaziy boshqaruv Moskvada joylashgan edi. SSSR o'zining kuchli harbiy qudrati, sanoati, ilm-fani va kosmik dasturlari bilan jahonda katta ta'sirga ega bo'lgan. Mustaqil davlatlar hamdo'stligi (MDH) – davlatlararo tashkilot. 1991-yil 8-dekabrda Minskda Belarus, Rossiya, Ukraina tomonidan tuzilgan. Ana shu davlat rahbarlari imzo chekkan Bitimda SSSR chuqur tanazzulga uchrab parchalanib ketish natijasida yo'q bo'lgani qayd qilindi, uchala davlat siyosiy, iqtisodiy, gumanitar, madaniy va boshqa sohalarda hamkorlikni rivojlantirishga intilishini bayon etdi. 1991-yil 21-dekabrda Bitimga Ozarbayjon, Armaniston, Qozog'iston, Qirg'iziston, Moldova, Tojikiston, Turkmaniston, O'zbekiston qo'shildi, ular Belarus, Rossiya va

Ukraina bilan birga Mustaqil davlatlar hamdostligining maqsad va qoidalari to'g'risidagi Deklaratsiyaga Olmaota shahrida imzolashdi.

SSSR parchalanishiga bir qator muammolar sabab bo'ldi:

1. Iqtisodiy inqiroz — 1980-yillarga kelib, SSSR iqtisodiyoti jiddiy tanazzulga yuz tutdi. Bozor tamoyillaridan yiroqlik va reja iqtisodiyotining samarasizligi aholini qiynab qo'ydi.

2. Gorbachyov islohotlari — 1985-yildan boshlab SSSR bosh kotibi etib saylangan Mixail Gorbachyov "Perestroyka" (qayta qurish) va "Glasnost" (oshkoralik) siyosatini olib bordi. Ushbu islohotlar boshqaruv tizimini zaiflashtirdi va milliy respublikalarda mustaqillik kayfiyatini kuchaytirdi.

3. Milliy nizolar — Har bir respublikada milliy ozodlik harakatlari avj oldi. Markazlashgan SSSR hukumatiga qarshi mustaqillik uchun mitinglar va namoyishlar kuchaydi.

4. 1991-yil avgust davlat to'ntarishiga urinishi — Kommunistik mafkura tarafdorlari Gorbachyovga

qarshi harbiy toʻntarishga harakat qildi. Bu voqea aksincha, SSSRning yanada zaiflashishiga olib keldi.

SSSR parchalanishi va yakuniy bosqich

1991-yil 8-dekabrda Rossiya, Ukraina va Belorussiya rahbarlari Belovej oʻrmonida uchrashib, SSSR rasman tugatilganini va Mustaqil Davlatlar Hamdoʻstligi (MDH) tashkil topganini eʼlon qildilar. 1991-yil 25-dekabrda Gorbachyov prezidentlik vakolatidan voz kechdi va shu tariqa SSSR rasmiy ravishda tarix sahnasidan tushdi.

SSSR parchalanishining oqibatlari:

Yangi 15 ta mustaqil davlat paydo boʻldi.

Iqtisodiy va siyosiy inqiroz koʻplab respublikalarda chuqurlashdi.

Geosiyosiy kuch markazlari oʻzgardi, AQSh va NATO kuchaydi.

MDH tashkil topdi, biroq u SSSR darajasidagi integratsiyani tiklay olmadi.

Xulosa oʻrnida shuni aytish mumkinki,Ushbu ilmiy ishda XX asr oxirida sodir boʻlgan dunyo tarixidagi eng muhim siyosiy voqealardan biri — Sotsialistik Sovet Respublikalar Ittifoqining (SSSR) parchalanishi tahlil qilinadi. Shuningdek, Gorbachyov islohotlari va 1991-yil avgust voqealari asosida parchalanish jarayoni bosqichma-bosqich bayon etilgan. Ishda SSSR parchalanishining Markaziy Osiyo, xususan, O'zbekiston mustaqillik jarayoniga ta'siri ham tahlil qilinadi. Maqola zamonaviy tarixiy manbalar va tadqiqotlarga asoslangan bo'lib, talabalarga va tarix ixlosmandlariga mazkur murakkab jarayonning mohiyatini tushunishga yordam beradi.

Foydalangan adabiyotlar va manbalar ro'yxati:

1. Gorbachyov M. S. Perestroika va yangi fikrlash — Moskva, 1987 (Gorbachyovning rasmiy islohotlar haqida yozgan asari)

2. Zubok V. M. A Failed Empire: The Soviet Union in the Cold War from Stalin to Gorbachev — University of North Carolina Press, 2007 (Sovet davlati sovuq urush davridagi siyosiy va iqtisodiy ahvoli)

3. Service R. The End of the Cold War: 1985–

1991 — Macmillan, 2015 (SSSR parchalanishining xalqaro omillarini tahlil qiluvchi tadqiqot)

4. Brown A. The Gorbachev Factor — Oxford University Press, 1996 (Gorbachyov va uning siyosatining SSSR parchalanishidagi roli)

5. Plokhy S. The Last Empire: The Final Days of the Soviet Union — Basic Books, 2014 (SSSRning so'nggi kunlari va asosiy voqealarning tahlili)

6. Hosking G. The First Socialist Society: A History of the Soviet Union from Within — Harvard University Press, 1992 (SSSR ichki tarixini keng ko'rsatib beruvchi asar)

7. Mlechin L. Gorbachev. Zhizn i sudba (Gorbachyov. Hayot va taqdir) — 2010 (Gorbachyovning hayoti va siyosiy faoliyati haqida rus tilidagi asar)

8. Abdulla Karimov XX asr o'rtalari va oxirlarida Markaziy Osiyo davlatlari tarixidan — Toshkent, 2010 (O'zbekiston va qo'shni respublikalarning SSSRdan mustaqillikka chiqish tarixi)

9. O'zbekiston Respublikasi Tarixi (Akademik

nashrlar) — Toshkent, O'zbekiston milliy ensiklopediyasi, turli yillarda (O'zbekistonning SSSR tarkibidagi va mustaqillik davridagi tarixi).

Mundarija

Fayzulloyev Abramat	..5
Abduqahhorova Sevinch	..9
Shahlo Akromova	..16
Kocherova Umida	..18
Yusupova Adibaxon Anvarovna	..22
Hasanboyeva Kamola Dilmurod qiz	..24
Usmonova Muattar Bahodirjonovna	..25
Shoyimova Farangiz Mustafo qizi	..48
Aslonova Orzigul Pirimovna	..48
Abdullayeva Laylo Aybek qizi	..56
Nazirboyeva Feruzabonu	..61
Doniyorova Zulayho Uchqunjon qizi	..63
Qobulov Amir Ilhom o'g'li	..68

www.ingramcontent.com/pod-product-compliance
Lightning Source LLC
LaVergne TN
LVHW021230080526
838199LV00089B/5983